21 Mulheres Incríveis

As Vidas Influentes de Mulheres Ousadas na Ciência do Século 20 (Livro Biográfico para Jovens e Adultos)

Por Student Press Books

Tabela de conteúdo

Tabela De Conteúdo 2

Introdução 4

Seu Presente 6

Stephanie Kwolek (1923 - 2014) 7

Rachel Carson (1907 - 1964) 10

Maria Goeppert Mayer (1906 - 1972) 13

Rosalind Franklin (1920 - 1958) 16

Rosalyn S. Yalow (1921 - 2011) 19

Rita Levi-Montalcini (1909 - 2012) 22

Chien-Shiung Wu (1912 - 1997) 25

Katherine Johnson (1918 - 2020) 28

Florence Rena Sabin (1871-1953) 32

Tu Youyou (Nascido Em 1930) 34

Françoise Barré-Sinoussi (Nascida Em 1947) 38

Margaret Hamilton (Nascida Em 1936) 40

Emmy Noether (1882 - 1935) 43

Valentina Tereshkova (Nascida Em 1937) 46

Lynn Margulis (1938 - 2011) 49

Margaret Mead (1901 - 1978) 52

Cecilia Payne-Gaposchkin (1900 - 1979) 55

Jocelyn Bell Burnell (Nascida Em 1943) 58

Lise Meitner (1878 - 1968) 61

Christiane Nüsslein-Volhard (Nascida Em 1942) 64

Peggy Whitson (Nascida Em 1960) 68

Seu Presente 73

Livros 74

Conclusão 79

Introdução

Conheça as mulheres cientistas incríveis do século XX - biografias voltadas para as idades de 12 anos ou mais.

Bem-vindo à série Empoderamento Feminino. Este livro apresenta a você as mulheres cientistas do **século XX**. Com **21 Mulheres Incríveis, este livro** apresenta biografias inspiradoras de mulheres inteligentes e determinadas na ciência do mundo inteiro.

Você pode nomear uma mulher na ciência do século 20? Pense bem. A maioria destas mulheres ainda está viva e bem - algumas ainda estão trabalhando como cientistas. No entanto, seus nomes não tiveram tanta exposição, nem foram abordados tanto quanto o nome de seus colegas homens...

Estas mentes revolucionárias merecem ter suas histórias contadas e este livro ajudará você a compreendê-las melhor enquanto educa suas brilhantes mentes jovens sobre as grandes mulheres cientistas. Se você acredita no empoderamento feminino, então 21 Mulheres Incríveis é um livro de leitura obrigatória.

Mergulhe em histórias delineadas através de biografias vívidas sobre mulheres cientistas do século XX! Estas 21 Mulheres Incríveis superaram muitos obstáculos com determinação e resistência para dar passos enormes contra todas as probabilidades. Deixe que estas vidas incríveis ressoem em seu coração e compartilhe as histórias com os outros!

Este livro da série Empoderamento Feminino inclui:

- Biografias fascinantes - Leia as histórias de Stephanie Kwolek, Rachel Carson, Maria Goeppert Mayer, Rosalind Franklin, Rosalyn S. Yalow, Rita Levi-montalcini, Chien-shiung Wu, Katherine Johnson, Florence Rena Sabin, Tu Youyou, Françoise Barré-sinoussi, Margaret Hamilton, Emmy Noether, Valentina Tereshkova, Lynn Margulis, Margaret Mead, Cecilia Payne-gaposchkin, Jocelyn Bell Burnell, Lise Meitner, Christiane Nüsslein-volhard e Peggy Whitson.
- Retratos vívidos - Traga estas Mulheres Incríveis à vida em sua imaginação com a ajuda de fotos ou ilustrações estimulantes.

Sobre a série: A **série Empoderamento Feminino** da editora **Student Press Books** apresenta novas perspectivas sobre o **Empoderamento Feminino** que vão inspirar as jovens leitoras a perceber sua posição em uma sociedade cada vez mais diversificada. **Quem será sua próxima fonte de inspiração?**

O livro 21 Mulheres Incríveis vai além de outros livros de biografia sobre Empoderamento Feminino que **destaca tópicos e pessoas no mundo inteiro e através do tempo. É também um** grande presente para qualquer filha, irmã, sobrinha ou neta.

Seu Presente

Você tem um livro em suas mãos.

Não é um livro qualquer, é um livro de livros para a imprensa estudantil! Nós escrevemos sobre os heróis negros, a capacitação das mulheres, mitologia, filosofia, história, e outros assuntos interessantes!

Desde que você comprou um livro, queremos que você tenha outro de graça.

Tudo o que você precisa é um endereço de e-mail e a possibilidade de assinar nossa newsletter (o que significa que você pode cancelar a inscrição a qualquer momento).

Então, do que você está esperando? Inscreva-se hoje e reclame seu livro gratuito imediatamente! Tudo o que você precisa fazer é visitar o link abaixo e digitar seu endereço de e-mail. Você receberá o link para baixar a versão em PDF do livro imediatamente para que possa ser lido offline a qualquer momento.

E não se preocupe - não há taxas de captura ou escondidas; apenas um bom brinde à moda antiga de nós aqui na Student Press Books.

Visite este link agora mesmo e inscreva-se para receber seu exemplar gratuito de um de nossos livros!

Link: https://campsite.bio/studentpressbooks

Stephanie Kwolek (1923 - 2014)

Química americana mais conhecida por seu papel na invenção do Kevlar

"Espero estar salvando vidas. Há muito poucas pessoas em suas carreiras que têm a oportunidade de fazer algo para beneficiar a humanidade".

Stephanie Kwolek foi uma pioneira na pesquisa de polímeros. Seu trabalho rendeu o Kevlar, um material ultra-forte e ultra-rápido mais conhecido por seu uso em coletes à prova de balas.

Stephanie Louise Kwolek nasceu em 31 de julho de 1923, em New Kensington, Pensilvânia. Seu pai, um trabalhador de fundição, morreu quando ela tinha 10 anos de idade, e sua mãe a criou e criou um irmão sozinha. Em 1946 Kwolek recebeu um bacharelado em química do Instituto Carnegie de Tecnologia (atual Carnegie Mellon University), em Pittsburgh, Pennsylvania.

Com a intenção de eventualmente cursar medicina, Stephanie Kwolek começou a trabalhar como química de laboratório no departamento de rayon da DuPont Company em Buffalo, Nova York. A DuPont havia introduzido o material plástico nylon pouco antes da Segunda Guerra Mundial. Nos anos do pós-guerra, a empresa retomou seu impulso para o mercado altamente competitivo das fibras sintéticas.

Stephanie Kwolek engajou-se assim na pesquisa básica em um campo novo e em rápido crescimento. Como resultado, = Kwolek nunca deixou de trabalhar na DuPont. Ela se mudou com o Laboratório de Pesquisa Pioneira da empresa para Wilmington, Delaware, em 1950.

Stephanie Kwolek é mais conhecida por seu trabalho durante os anos 50 e 60 com aramidas, ou "poliamidas aromáticas", um tipo de polímero que pode ser transformado em fibras fortes, rígidas e resistentes ao fogo. Seu trabalho de laboratório em aramidas foi conduzido sob a supervisão do pesquisador Paul W. Morgan.

Stephanie Kwolek determinou os solventes e as condições adequadas para produzir um composto que a DuPont liberou em 1961 como uma fibra resistente à chama chamada Nomex. Ela então estendeu seu trabalho em dois "polímeros de cristal líquido" - o primeiro jamais preparado. A partir destes dois polímeros, foram fiadas fibras que apresentavam uma rigidez e resistência à tração sem precedentes. Um deles foi lançado comercialmente em 1971 com o nome comercial Kevlar, uma fibra que é usada em pneus de alta resistência, cascos de barcos reforçados e outras peças estruturais, e coletes leves à prova de balas.

Stephanie Kwolek aposentou-se da DuPont com o posto de associada de pesquisa em 1986. Tendo acumulado muitas patentes e prêmios em sua carreira, Kwolek continuou em sua aposentadoria para trabalhar como consultora e oradora pública. Ela faleceu em 18 de junho de 2014, em Wilmington, Delaware.

Destaques

- A DuPont havia introduzido o nylon pouco antes da Segunda Guerra Mundial e, nos anos do pós-guerra, a empresa retomou seu impulso no mercado altamente competitivo das fibras sintéticas.

- A DuPont se mudou com o Laboratório de Pesquisa Pioneira da empresa para Wilmington, Delaware, em 1950, e se aposentou com o posto de associado de pesquisa em 1986.
- Kwolek é mais conhecida por seu trabalho durante os anos 50 e 60 com aramidas, ou "poliamidas aromáticas", um tipo de polímero que pode ser transformado em fibras fortes, rígidas e resistentes ao fogo.
- Seu trabalho de laboratório em aramidas foi conduzido sob a supervisão do pesquisador Paul W. Morgan, que calculou que as aramidas formariam fibras rígidas devido à presença de anéis volumosos de benzeno (ou "aromáticos") em suas cadeias moleculares, mas que teriam que ser preparadas a partir da solução, pois derretem apenas a temperaturas muito altas.

Questões de pesquisa

---

1. Qual é o projeto de pesquisa mais legal para o qual você ajudou/contribuiu?
2. Qual é sua descoberta científica favorita de todos os tempos, e por que você acha que ela pode ser tão influente ou ter um impacto tão grande na sociedade em geral?

Rachel Carson (1907 - 1964)

Biólogo marinho americano e escritor de natureza

"Uma maneira de abrir os olhos é se perguntar: "E se eu nunca tivesse visto isso antes? E se eu soubesse que não voltaria a vê-lo"?

Aproveitando o fascínio de sua infância pela vida selvagem e pelo mar, a bióloga americana Rachel Carson tornou-se uma escritora científica cujas obras atraem uma grande variedade de leitores. Seu encantador livro The Sea Around Us, publicado em 1951, foi um best-seller e o vencedor de um Prêmio Nacional do Livro.

O trabalho profético de Rachel Carson Silent Spring (1962), sobre os perigos dos pesticidas na cadeia alimentar, criou uma consciência mundial sobre os perigos da poluição.

Rachel Louise Carson nasceu em 27 de maio de 1907, em Springdale, Pa. Ela fez seu trabalho de graduação no Pennsylvania College for Women, onde recebeu seu B.A. em 1929. Em seguida, obteve seu mestrado pela Universidade Johns Hopkins em 1932.

De 1931 a 1936 ela lecionou zoologia na Universidade de Maryland. Durante este período, Carson também lecionou na escola de verão Johns Hopkins e estudou no Laboratório Biológico Marinho em Woods Hole, Massachusetts.

Rachel Carson aceitou um cargo em 1936 como bióloga aquática no Escritório de Pesca dos Estados Unidos (a partir de 1940 chamado Serviço de Pesca e Vida Selvagem dos Estados Unidos). Ela ocuparia este cargo governamental durante os próximos 16 anos. De 1949 a 1952 atuou como editora chefe das publicações do Serviço de Pesca e Vida Selvagem. Naquela época, Carson tinha se tornado amplamente conhecido como escritor científico.

Os três primeiros livros de Rachel Carson eram sobre a vida marinha: Under the Sea-Wind (1941), The Sea Around Us, and The Edge of the Sea (1955) mostrou o notável talento de Carson para combinar observação científica com descrições elegantes e líricas em prosa.

Após a publicação de The Edge of the Sea, Rachel Carson passou grande parte dos cinco anos seguintes conduzindo pesquisas para a Primavera Silenciosa. O livro, que detalhou os efeitos nocivos que pesticidas como o DDT tiveram sobre o meio ambiente - e em particular sobre a vida selvagem - , chamou seu segundo best-seller e hoje é considerado um trabalho marcante na história do movimento ambiental moderno. Ela morreu em 14 de abril de 1964.

Destaques

- Rachel Carson cedo desenvolveu um profundo interesse pelo mundo natural.

- Ela entrou na Faculdade para Mulheres da Pensilvânia com a intenção de tornar-se escritora, mas logo mudou seu principal campo de estudo de inglês para biologia.
- Um artigo no The Atlantic Monthly de 1937 serviu como base para seu primeiro livro, Under the Sea-Wind, publicado em 1941. The Sea Around Us (1951) tornou-se um best seller nacional, ganhou um Prêmio Nacional do Livro, e acabou sendo traduzido para 30 idiomas.
- A perspectiva do movimento ambiental dos anos 60 e início dos anos 70 era geralmente pessimista, refletindo um sentimento generalizado de "mal-estar civilizacional" e uma convicção de que as perspectivas da Terra a longo prazo eram sombrias.

Questões de pesquisa

---

1. O que você gostaria que todos soubessem sobre as mulheres na ciência?
2. Como o mundo tem reagido à sua (futura) escolha de carreira?
3. Por que muitas mulheres cientistas no século 20 não foram consideradas (altamente) influentes?

Maria Goeppert Mayer (1906 - 1972)

Físico teórico americano nascido na Alemanha e vencedor do Prêmio Nobel de 1963

"Ganhar o prêmio não foi tão emocionante quanto fazer o trabalho em si".

A física americana nascida na Alemanha, Maria Goeppert Mayer, era uma autoridade líder em física nuclear. Ela ganhou o Prêmio Nobel de Física de 1963 com J. Hans D. Jensen e Eugene P. Wigner. Mayer e Jensen receberam sua parte do prêmio por sua explicação sobre a estrutura e propriedades dos núcleos atômicos.

Maria Goeppert nasceu em Kattowitz, Alemanha (hoje Katowice, Polônia), em 28 de junho de 1906. Seu pai era professor de pediatria na Universidade de Göttingen, Alemanha. Mayer estudou física teórica naquela universidade com Max Born e obteve o doutorado em 1930. No mesmo ano, ela casou-se com Joseph E. Mayer, um físico químico americano, e eles se mudaram para os Estados Unidos para lecionar na Universidade Johns Hopkins, em Baltimore, Maryland. Maria Goeppert Mayer se tornou cidadã norte-americana em 1933.

Em 1939 Maria Goeppert Mayer começou a lecionar na Universidade de Columbia, na cidade de Nova Iorque. Na Columbia, ela trabalhou na separação de isótopos de urânio para a bomba atômica no Projeto Manhattan. Mayer também lecionou no Sarah Lawrence College, em Bronxville, Nova York, em 1942-45. Em 1945 ela continuou suas pesquisas em Illinois, no Instituto de Estudos Nucleares da Universidade de Chicago e no Laboratório Nacional de Argonne, nas proximidades.

Em 1949, Maria Goeppert Mayer explicou a grande abundância e estabilidade dos núcleos que têm um número particular de prótons e nêutrons em termos do chamado modelo nuclear de concha. De acordo com este modelo, o núcleo do átomo consiste de várias conchas, ou camadas esféricas, cada uma cheia de prótons e nêutrons.

Uma teoria semelhante foi desenvolvida ao mesmo tempo, na Alemanha, por Jensen. Mayer e Jensen descreveram seu modelo na Teoria Elementar da Estrutura das Conchas Nucleares (1955), que eles covardem. Em 1960, Maria Goeppert Mayer e seu marido mudaram-se para a Universidade da Califórnia, em San Diego. Maria Goeppert morreu em San Diego em 20 de fevereiro de 1972.

Destaques

- Maria Goeppert estudou Física na Universidade de Göttingen (Ph.D., 1930) sob um comitê de três ganhadores do Prêmio Nobel.
- Em 1930 ela se casou com o físico químico americano Joseph E. Mayer, e pouco tempo depois ela o acompanhou à Universidade Johns Hopkins em Baltimore, Maryland.
- Em 1939, ela e seu marido receberam compromissos em química na Universidade de Columbia, onde Maria Mayer trabalhou na separação de isótopos de urânio para o projeto da bomba atômica.

- Maria Goeppert recebeu uma nomeação regular como professora titular em 1959.

Questões de pesquisa

---

1. Quais são algumas soluções práticas para superar essas barreiras que as mulheres enfrentam em sua jornada para se tornar uma cientista ou física?
2. Qual você acha que foi um de seus momentos mais marcantes na vida (por exemplo, uma descoberta que ela fez)?
3. Você conhece alguma história sobre mulheres proeminentes que o tenham inspirado ou ajudado a passar por um período difícil, seja dentro ou fora das ciências?

Rosalind Franklin (1920 - 1958)

Químico inglês e cristógrafo de raios X

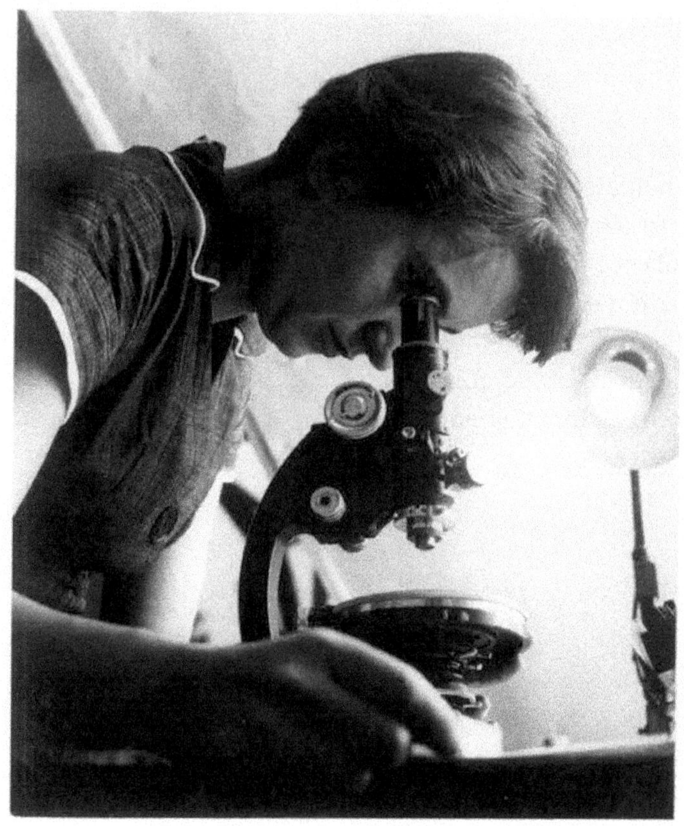

"A ciência e a vida cotidiana não podem e não devem ser separadas".

Uma biofísica britânica, Rosalind Franklin é mais conhecida por suas contribuições para a descoberta da estrutura molecular do ácido desoxirribonucleico (DNA). O DNA é a principal substância que compõe cromossomos e genes, o material hereditário.

Quando Francis Crick, James Watson e Maurice Wilkins receberam o prêmio Nobel de fisiologia ou medicina de 1962 por determinar a estrutura da molécula de DNA, muitos cientistas acreditavam que Rosalind Franklin deveria ter sido homenageada com eles.

Nascida em Londres em 25 de julho de 1920, Rosalind Elsie Franklin ganhou uma bolsa de estudos para o Newnham College, Cambridge. Após a formatura em 1941, ela começou a pesquisar sobre a estrutura física do carvão e do carvão carbonizado. Trabalhando em Paris de 1947 a 1950, ela ganhou habilidade no uso da difração de raios X como técnica analítica. (Difração de raios X é um método de análise da estrutura cristalina dos materiais, passando raios X através deles e observando a difração, ou dispersão, da imagem dos raios).

Rosalind Franklin utilizou esta técnica para descrever a estrutura dos carbonos com mais precisão do que era possível anteriormente. Ela também determinou que existem duas classes distintas de carbonos - aqueles que formam grafite quando são aquecidos a altas temperaturas e aqueles que não o fazem.

Em 1951, Rosalind Franklin entrou para a unidade de biofísica do King's College Medical Research Council. Com Raymond Gosling ela conduziu estudos de difração de raios X da estrutura molecular do DNA. Com base nestes estudos, ela concluiu inicialmente que a estrutura era helicoidal (tendo braços em espiral).

Pesquisas posteriores fizeram com que Franklin mudasse de idéia, e foi deixado para Watson e Crick desenvolver o modelo de dupla hélice da molécula que provou ser consistente com as propriedades conhecidas do DNA. Alguns dos dados utilizados por esses cientistas em seu esforço bem sucedido, no entanto, foram produzidos pela primeira vez por Rosalind Franklin.

De 1953 até sua morte em 16 de abril de 1958, Rosalind Franklin trabalhou no laboratório de cristalografia do Birkbeck College, Londres. Lá Franklin publicou seu trabalho anterior sobre brasas e ajudou a determinar a estrutura do vírus do mosaico do tabaco.

Destaques

- Rosalind Franklin freqüentou a St. Paul's Girls' School antes de estudar química física na Newnham College, Universidade de Cambridge.
- Após graduar-se em 1941, ela recebeu uma bolsa para conduzir pesquisas em físico-química em Cambridge.
- Quando ela começou suas pesquisas no King's College, muito pouco se sabia sobre a composição química ou estrutura do DNA.
- Seu trabalho para tornar mais claros os padrões de raios X das moléculas de DNA lançou as bases para que James Watson e Francis Crick sugerissem em 1953 que a estrutura do DNA é um polímero de dupla hélice, uma espiral que consiste em dois fios de DNA enrolados um ao redor do outro.

Questões de pesquisa

---

1. O que você acha da contribuição de Franklin para a ciência?
2. Quem estaria em segundo lugar na sua lista de cientistas famosas?
3. A sociedade deveria ser mais inclusiva para as mulheres cientistas no futuro?

Rosalyn S. Yalow (1921 - 2011)

médica física americana, e a segunda mulher a ganhar o Prêmio Nobel de Medicina

"Devemos acreditar em nós mesmos como ninguém mais acreditará em nós, devemos corresponder nossas expectativas com a competência, coragem e determinação para ter sucesso".

Rosalyn Sussman Yalow foi uma ganhadora conjunta do Prêmio Nobel de Fisiologia ou Medicina de 1977. Yalow recebeu o prêmio por seu desenvolvimento do radioimunoensaio (RIA), uma técnica para medir os níveis de insulina (um hormônio que regula o nível de açúcar, ou glicose, no sangue) e outras substâncias no corpo. Os outros dois premiados em 1977 foram Andrew V. Schally e Roger Guillemin.

Rosalyn Sussman Yalow nasceu em 19 de julho de 1921, em Nova York, Nova York. Yalow formou-se na Hunter College da City University of New York em 1941 e quatro anos depois recebeu o doutorado em física da University of Illinois. De 1946 a 1950 Yalow deu aulas de física no Hunter College, e em 1947 tornou-se consultora em física nuclear no Bronx Veterans Administration Medical Center (agora James J. Peters VA Medical Center). Lá, de 1950 a 1970, ela foi física e chefe assistente do serviço de radioisótopos. Em 1970, ela foi nomeada chefe do laboratório.

Com um colega, o médico americano Solomon A. Berson, Rosalyn Sussman Yalow começou a usar isótopos radioativos para examinar e diagnosticar várias condições da doença. As investigações de Yalow e Berson sobre diabetes tipo II (ver diabetes mellitus) levaram ao desenvolvimento da RIA.

Nos anos 50, sabia-se que indivíduos com diabetes que eram tratados com injeções de insulina animal desenvolviam resistência a esse hormônio. Essa resistência significava que os indivíduos precisavam de maiores quantidades de insulina para compensar os efeitos da doença. No entanto, os pesquisadores não sabiam por quê.

Rosalyn Sussman Yalow e Berson teorizaram que a insulina estrangeira estimulava a produção de anticorpos (proteínas protetoras produzidas pelo sistema imunológico que livram o corpo de antígenos, ou substâncias estranhas). Estes anticorpos ficaram ligados à insulina e impediram que o hormônio entrasse nas células e cumprisse sua função de metabolizar a glicose.

Para provar suas hipóteses, Yalow e Berson combinaram técnicas de imunologia e rastreamento de radioisótopos para medir quantidades mínimas desses anticorpos, criando assim a RIA. Logo ficou evidente que o método RIA poderia ser usado para medir centenas de outras substâncias biologicamente ativas, tais como vírus, drogas e outras proteínas.

Rosalyn Sussman Yalow permaneceu em Nova York durante o resto de sua carreira, onde Yalow se tornou uma professora distinta em duas escolas médicas diferentes. Em 1976 ela foi a primeira mulher a receber o Prêmio Albert Lasker de Pesquisa Médica Básica, e em 1988 ela recebeu a Medalha Nacional da Ciência. Ela morreu em 30 de maio de 2011, na cidade de Nova York.

Destaques

- Rosalyn S. Yalow formou-se com honras no Hunter College da Universidade da Cidade de Nova York em 1941 e quatro anos depois recebeu seu Ph.D. em Física pela Universidade de Illinois.
- De 1946 a 1950 ela deu aulas de física na Hunter, e em 1947 ela se tornou consultora em física nuclear no Hospital de Administração de Veteranos do Bronx, onde de 1950 a 1970 ela foi física e chefe assistente do serviço de radioisótopos.
- Com um colega, o médico americano Solomon A. Berson, Yalow começou a usar isótopos radioativos para examinar e diagnosticar várias condições da doença.
- As investigações de Yalow e Berson sobre o mecanismo subjacente ao diabetes tipo II levaram a seu desenvolvimento do RIA.
- Em 1976 ela foi a primeira mulher a receber o Prêmio Albert Lasker de Pesquisa Médica Básica.

Questões de pesquisa

---

1. Quais foram alguns dos obstáculos que essas mulheres tiveram que enfrentar na carreira?
2. Passar pela escola fez alguma diferença em termos de qual assunto você escutou com mais atenção do que outros, ou quais fatos ficaram presos por mais tempo?

Rita Levi-Montalcini (1909 - 2012)

Prêmio Nobel italiano, homenageado por seu trabalho em neurobiologia

"Acima de tudo, não temam momentos difíceis. O melhor vem deles".

A neurologista Rita Levi-Montalcini, juntamente com o bioquímico Stanley Cohen, compartilharam o Prêmio Nobel de Fisiologia ou Medicina em 1986 por sua descoberta de uma substância corporal que estimula e influencia o crescimento das células nervosas. Levi-Montalcini teve dupla cidadania na Itália e nos Estados Unidos.

Rita Levi-Montalcini nasceu em 22 de abril de 1909, em Turim, Itália. Ela estudou medicina na Universidade de Turim e fez pesquisas lá sobre os efeitos que os tecidos periféricos têm no crescimento das células nervosas. Forçada a se esconder em Florença durante a ocupação alemã da Itália

(1943-45) por causa de sua ascendência judaica, Levi-Montalcini não pôde retomar suas pesquisas em Turim até depois da guerra.

Em 1947, Rita Levi-Montalcini aceitou um posto na Universidade de Washington, St. Louis, Missouri, com o zoólogo Viktor Hamburger, que estava estudando o crescimento de tecido nervoso em embriões de pintinhos.

Em 1948 foi descoberto no laboratório da Hamburger que uma variedade de tumores de camundongos estimulava o crescimento dos nervos quando implantados em embriões de pintinhos. Levi-Montalcini e Hamburger rastrearam o efeito de uma substância no tumor que eles denominaram fator de crescimento nervoso (NGF).

Rita Levi-Montalcini mostrou ainda que o tumor causou um crescimento celular semelhante em uma cultura de tecidos nervosos mantida viva no laboratório, e Stanley Cohen, que até então havia se juntado a ela na Universidade de Washington, foi capaz de isolar a NGF do tumor. A NGF foi o primeiro de muitos fatores de crescimento celular a ser encontrado nos corpos de animais. Ela tem um papel importante no crescimento de células nervosas e fibras no sistema nervoso periférico.

Rita Levi-Montalcini permaneceu ativa no campo, trabalhando na Universidade de Washington até 1961 e depois no Instituto de Biologia Celular em Roma, Itália. Em 1987, Levi-Montalcini recebeu a Medalha Nacional da Ciência, e um trabalho autobiográfico, In Praise of Imperfection, foi publicado em 1988. Em 2001, o primeiro-ministro italiano Carlo Azeglio Ciampi nomeou Levi-Montalcini Senador para a Vida por suas notáveis contribuições à ciência. Ela faleceu em 30 de dezembro de 2012, em Roma.

Destaques

- Levi-Montalcini estudou medicina na Universidade de Turim e fez pesquisas lá sobre os efeitos que os tecidos periféricos têm no crescimento das células nervosas.
- Em 1947 ela aceitou um posto na Universidade de Washington, St. Louis, Missouri, com o zoólogo Viktor Hamburger, que estava estudando o crescimento de tecido nervoso em embriões de pintinhos.

- Em 1948 foi descoberto no laboratório da Hamburger que uma variedade de tumores de ratos estimulou o crescimento dos nervos quando implantados em embriões de pintinhos.
- Levi-Montalcini e Hamburger rastrearam o efeito de uma substância no tumor que eles chamaram fator de crescimento nervoso (NGF).

Questões de pesquisa

---

1. Quais são suas contribuições e invenções científicas mais importantes?
2. Como as mulheres têm avançado a ciência e a medicina?
3. Qual era o nome do cônjuge/parceiro do seu cientista favorito?

Chien-Shiung Wu (1912 - 1997)

Físico chinês-americano de partículas e experimental

"Só há uma coisa pior do que voltar para casa do laboratório para uma pia cheia de pratos sujos, e isso não é ir para o laboratório de forma alguma"!

O físico nascido na China Chien-shiung Wu forneceu a primeira prova experimental de que o princípio de conservação da paridade não se sustenta em interações subatômicas fracas.

Chien-shiung Wu nasceu em 31 de maio de 1912, em Liuho, província de Jiangsu. Ela foi para os Estados Unidos em 1936 para estudar na Universidade da Califórnia em Berkeley.

Após receber seu doutorado em 1940, Wu lecionou na Smith College, em Northampton, Mass., e na Princeton University, em Princeton, N.J. Em 1944 ela trabalhou na detecção de radiação na Divisão de Pesquisa de Guerra da Universidade de Columbia, em Nova York, e tornou-se professora de física em 1957.

Após o início da década de 1930, a conservação da paridade, ou simetria, tornou-se uma teoria fundamental na mecânica quântica. Em 1956 os físicos teóricos Tsung-Dao Lee e Chen Ning Yang propuseram que a paridade não é conservada para uma das três interações nucleares básicas - interações fracas, que governam a decadência radioativa.

Em 1957 Chien-shiung Wu provou que eles estavam certos ao mostrar que as partículas beta emitidas pelos átomos de cobalto-60 têm uma direção preferencial. Wu e outros confirmaram a conservação da corrente vetorial na decadência beta nuclear em 1963. Wu também estudou a estrutura da hemoglobina. Ela recebeu a Medalha Nacional da Ciência em 1975 e foi presidente da Sociedade Física Americana em 1975. Chien-shiung Wu morreu em Nova York em 16 de fevereiro de 1997.

Destaques

- Chien-Shiung Wu formou-se na Universidade Central Nacional em Nanking, China, em 1936 e depois viajou para os Estados Unidos para realizar estudos de pós-graduação em física na Universidade da Califórnia em Berkeley, estudando com Ernest O. Lawrence.
- Após receber o doutorado em 1940, Wu lecionou no Smith College e na Universidade de Princeton.
- Em 1944 ela empreendeu um trabalho de detecção de radiação na Divisão de Pesquisa de Guerra da Universidade de Columbia.
- Ela observou que existe uma direção preferencial de emissão e que, portanto, a paridade não é conservada para esta interação fraca.
- Wu, que recebeu a Medalha Nacional da Ciência em 1975 e também foi presidente da Sociedade Física Americana naquele ano, foi considerado um dos principais físicos experimentais do mundo.

Questões de pesquisa

---

1. Quais são os cientistas masculinos ou femininos com os quais você está mais familiarizado?
2. As mulheres desta categoria de cientistas permitiram que seus nomes fossem em grande parte esquecidos?
3. Quem são suas cientistas favoritas do século XX, e por que você as considera tão importantes?

Katherine Johnson (1918 - 2020)

matemático americano para a NASA

"Como o que você faz, e então você fará o seu melhor".

Durante sua longa carreira trabalhando para o programa espacial americano, a matemática americana Katherine Johnson calculou e analisou as rotas de vôo de muitas naves espaciais. Seu trabalho ajudou a enviar astronautas para a Lua.

Katherine Johnson nasceu Katherine Coleman em 26 de agosto de 1918, em White Sulphur Springs, West Virginia. Sua inteligência e habilidade com os números se tornaram óbvias quando ela era criança. Quando ela tinha 10 anos de idade, ela havia começado a freqüentar o ensino médio.

Em 1937, aos 18 anos, Coleman formou-se no West Virginia State College (hoje West Virginia State University), no Instituto, com as mais altas honras.

Ela obteve o bacharelado em matemática e francês. Após a formatura, ela se mudou para a Virgínia para aceitar um emprego como professora.

Em 1939 ela foi selecionada para ser uma das três primeiras estudantes afro-americanas a se matricular em um programa de pós-graduação na Universidade de West Virginia, em Morgantown. Coleman estudou matemática lá, mas logo partiu para cuidar de sua família. Ela havia se casado com James Goble naquele ano. Ele morreu em 1956. Mais tarde ela se casou com James Johnson.

Em 1953, Katherine Johnson começou a trabalhar na unidade de informática da Área Oeste do Comitê Consultivo Nacional para Aeronáutica (NACA). A NACA foi a predecessora da Administração Nacional de Aeronáutica e Espaço (NASA). Antes que os computadores eletrônicos entrassem em uso, o programa espacial dependia de grupos de mulheres que realizavam manualmente cálculos matemáticos complexos para os engenheiros do programa.

As mulheres eram chamadas de "computadores". Katherine Johnson fazia parte de um grupo de mulheres afro-americanas conhecidas como "Computadores Ocidentais". Elas analisavam dados de teste e forneciam cálculos matemáticos que eram essenciais para o sucesso do programa espacial dos EUA.

Os Computadores Ocidentais foram segregados dos trabalhadores brancos da agência espacial. Eles eram forçados a usar banheiros e refeitórios separados. Isso mudou quando a NACA se tornou a NASA em 1958.

Na NASA, Katherine Johnson era membro do Grupo de Trabalho Espacial. Em 1960, ela escreveu um artigo com um dos engenheiros do grupo sobre cálculos para colocar uma espaçonave em órbita. Foi a primeira vez que uma mulher de sua divisão recebeu crédito como autora de um relatório de pesquisa. Ela foi autora ou co-autora de 26 relatórios de pesquisa durante sua carreira.

Em 1961 Katherine Johnson calculou o caminho para a Freedom 7, a nave espacial que colocou o primeiro astronauta dos EUA no espaço. Alan Shepard fez o histórico vôo de 15 minutos na nave. Foi a primeira missão do programa Mercúrio da NASA de vôos espaciais tripulados.

Em 1962, em um vôo Mercúrio posterior, John Glenn tornou-se o primeiro americano a orbitar a Terra. Naquela época, a NASA havia começado a usar computadores eletrônicos. Entretanto, antes de Glenn deixar o solo, ele queria ter certeza de que o computador eletrônico havia planejado seu vôo corretamente. Ele pediu para Johnson verificar duas vezes os cálculos do computador.

Katherine Johnson também fez parte da equipe que calculou onde e quando lançar o foguete para a missão Apollo 11 de 1969, que enviou os três primeiros homens para a Lua. Mais tarde, Johnson trabalhou no programa de ônibus espacial. Johnson se aposentou da NASA em 1986.

Katherine Johnson recebeu muitos prêmios e honrarias por seu trabalho. Em 2015, ela recebeu a Medalha Presidencial da Liberdade dos Estados Unidos. A NASA a homenageou em 2016 nomeando um prédio, o Centro de Pesquisa Computacional Katherine G. Johnson, em homenagem a ela. Naquele ano, o livro "Hidden Figures": The American Dream and the Untold Story of the Black Women Mathematicians Who Helped Win the Space Race (O Sonho Americano e a História Não Contada das Mulheres Negras Matemáticas que Ajudaram a Ganhar a Corrida Espacial) foi publicado. Ele conta a história dos Computadores Ocidentais, incluindo Johnson, Dorothy Vaughan e Mary Jackson. Um filme baseado no livro também foi lançado em 2016. Katherine Johnson morreu em 24 de fevereiro de 2020.

Destaques

- A inteligência e habilidade de Katherine Johnson com os números se tornou evidente quando ela era uma criança; quando ela tinha 10 anos de idade, ela tinha começado a freqüentar o ensino médio.
- Em 1937, aos 18 anos de idade, Coleman se formou com as maiores honras no West Virginia State College (hoje West Virginia State University), obtendo os diplomas de bacharelado em matemática e francês.
- Johnson recebeu inúmeros prêmios e honrarias por seu trabalho, incluindo a Medalha Presidencial da Liberdade (2015).
- Margot Lee Shetterly publicou Hidden Figures: The American Dream and the Untold Story of the Black Women Mathematicians Who Helped Win the Space Race, sobre os computadores ocidentais, incluindo Johnson, Dorothy Vaughan, e Mary Jackson.

- Um filme baseado no livro também foi lançado em 2016.

Questões de pesquisa

---

1. Como você acha que seria ser uma mulher que trabalha para a NASA?
2. Que realizações científicas você admira na mulher que você admira?
3. Quem são algumas outras mulheres cientistas notáveis do século XX?

Florence Rena Sabin (1871-1953)

Anatomista e investigador americano do sistema linfático

"É desonesto simplificar qualquer coisa que não seja simples"

Florence Rena Sabin nasceu em 9 de novembro de 1871, em Central City, Colorado. Depois de lecionar por vários anos na Universidade Johns Hopkins, Sabin foi nomeada professora titular de histologia em 1917, tornando-se a primeira mulher a chegar a essa posição na Johns Hopkins.

Em 1925, Florence Rena Sabin foi eleita para a Academia Nacional de Ciências e tornou-se membro do Instituto Rockefeller de Pesquisa Médica, ambos primeiros para as mulheres.

Sabin se aposentou do instituto em 1938 e retornou ao Colorado onde o governador nomeou seu presidente de um subcomitê de saúde pública. Uma estátua de Florença Rena Sabin foi colocada no Statuary Hall em Washington, D.C.

Destaques

- Depois de ensinar em Denver e em Smith para ganhar dinheiro para as aulas, Florence Rena Sabin ingressou na Faculdade de Medicina da Universidade Johns Hopkins em Baltimore, Maryland, em 1896.
- Após a graduação em 1900, ela estagiou no Hospital Johns Hopkins por um ano e depois retornou à escola médica para conduzir pesquisas sob uma bolsa concedida pela Associação para o Progresso da Educação Universitária da Mulher de Baltimore.
- Em 1901 ela publicou um Atlas da Medula e Midbrain, que se tornou um texto médico popular.
- Em 1902, quando Johns Hopkins finalmente abandonou sua política de não nomear mulheres para sua faculdade de medicina, Sabin foi nomeada assistente de anatomia, e tornou-se em 1917 a primeira professora titular da escola.
- Em seguida, ela recorreu ao estudo do sangue, vasos sanguíneos e células sanguíneas e fez numerosas descobertas a respeito de sua origem e desenvolvimento.

Questões de pesquisa

---

1. Você prefere um professor ou uma professora?
2. Que conselho você daria a alguém que está interessado em entrar em uma carreira envolvendo ciência e tecnologia, mas não tem certeza do que isso implica (ex: inventar algo)?
3. Como você acha que era a vida para a mulher da ciência no século 20?

Tu Youyou (nascido em 1930)

Químico farmacêutico chinês e malariologista

"Minha escolha de aprender farmácia foi motivada por meus interesses, curiosidade e desejo de buscar novos medicamentos para os pacientes".

Tu Youyou recebeu o Prêmio Nobel de Fisiologia ou Medicina em 2015 por sua descoberta de um dos medicamentos de combate à malária mais eficazes do mundo. Ela extraiu e estudou uma substância vegetal chamada qinghaosu, que agora é conhecida como artemisinina. Ela mata os parasitas microscópicos que causam a malária.

Tu Youyou compartilhou o Prêmio Nobel com dois outros cientistas: William Campbell e Omura Satoshi. Ambos ganharam também por suas descobertas de drogas que atuam contra infecções parasitárias.

Tu Youyou nasceu em 30 de dezembro de 1930, em Ningbo, província de Zhejiang, China. Quando adolescente, ela contraiu tuberculose e faltou dois anos de escola. Isso a convenceu a seguir uma carreira na medicina. Tu ingressou no programa de farmacologia da Faculdade de Medicina de Pequim.

Tu Youyou se concentrou em plantas medicinais, aprendendo a classificá-las e a extrair princípios ativos. Após receber um diploma em 1955, foi escolhida para ingressar no Instituto de Materia Médica da Academia de Medicina Tradicional Chinesa (mais tarde Academia de Ciências Médicas Chinesas). De 1959 a 1962 ela participou de um curso de treinamento no uso da medicina tradicional chinesa.

Em 1967, durante a Guerra do Vietnã, Tu Youyou foi designada para liderar um esforço secreto para descobrir um tratamento para a malária. A malária é uma infecção grave em humanos causada por protozoários unicelulares do gênero Plasmodium. Estes parasitas são transmitidos aos humanos pela picada de mosquitos. A malária havia ceifado a vida de numerosos soldados norte-vietnamitas. O Vietnã do Norte e a China eram aliados, então as autoridades do Vietnã do Norte exortaram o governo chinês a iniciar o projeto.

Tu Youyou e sua equipe pesquisaram pela primeira vez textos médicos chineses antigos para encontrar plantas com supostos benefícios contra a malária. Sua equipe identificou cerca de 640 plantas e mais de 2.000 remédios que poderiam potencialmente aliviar a malária. Posteriormente, eles testaram 380 extratos de cerca de 200 espécies de plantas por sua capacidade de livrar parasitas Plasmodium do sangue de camundongos infectados.

No início dos anos 70, a equipe Tu Youyou começou a investigar o absinto doce (Artemisia annua). Eles extraíram um composto da planta para testar em ratos, com resultados mistos. Você releu os textos antigos e descobriu que o composto deveria ser extraído a baixas temperaturas.

Depois de refinar o processo de extração, os pesquisadores testaram novamente o composto e obtiveram resultados bem sucedidos em ratos. A equipe então conduziu estudos clínicos em pacientes com malária. Os extratos de absinto doce diminuíram a febre e reduziram os níveis de parasitas no sangue dos pacientes. Em 1972 Tu Youyou e sua equipe isolaram o composto ativo nos extratos, que deram o nome de qinghaosu (artemisinina).

O governo chinês inicialmente impediu que Tu Youyou publicasse as descobertas da equipe dela. O trabalho finalmente chegou ao público internacional no início dos anos 80. No início dos anos 2000, a Organização Mundial da Saúde recomendou o uso de terapias medicamentosas combinadas à base de artemisinina como tratamento para a malária.

Tu Youyou continuou a investigar a artemisinina e desenvolveu um segundo composto antimalárico, a diidroartemisinina. Em 2011 ela recebeu o Lasker-DeBakey Clinical Medical Research Award por suas contribuições para a descoberta da artemisinina.

Destaques

- Depois de obter um diploma em 1955, Tu Youyou foi escolhido para ingressar no Instituto de Materia Médica da Academia de Medicina Tradicional Chinesa (mais tarde a Academia de Ciências Médicas Chinesas).
- De 1959 a 1962, Tu participou de um curso de treinamento em tempo integral sobre o uso da medicina tradicional chinesa, voltado para pesquisadores com conhecimentos da medicina ocidental. O curso forneceu uma base para sua posterior aplicação dos conhecimentos da medicina tradicional chinesa à descoberta de medicamentos modernos.
- Em 1967, durante a Guerra do Vietnã (1954-75), Tu Youyou foi nomeado para liderar o Projeto 523, um esforço secreto para descobrir um tratamento para a malária.
- Tu continuou a investigar a artemisinina e desenvolveu um segundo composto antimalárico, a diidroartemisinina, que é um metabolito bioativo da artemisinina.
- Em 2011 Tu recebeu o Lasker-DeBakey Clinical Medical Research Award por suas contribuições para a descoberta da artemisinina.

Questões de pesquisa

---

1. Que conselhos você tem para meninas interessadas nos campos da ciência?
2. Há algo que impeça as mulheres de terem sucesso em campos como medicina, engenharia ou tecnologia hoje em dia?
3. Como você acha que a ciência mudou desde os anos 1900 (ou que desafios vieram com ela)?

Françoise Barré-Sinoussi (nascida em 1947)

virologista francês que recebeu o Prêmio Nobel de Fisiologia ou Medicina de 2008

"Quando se trabalha com HIV, não é só trabalhar com HIV, é trabalhar muito, muito além. "

Françoise Barré-Sinoussi foi uma das vencedoras do Prêmio Nobel de Fisiologia ou Medicina de 2008. Ela e Luc Montagnier dividiram metade do prêmio por seu trabalho na identificação do HIV (o vírus da imunodeficiência humana), que causa a AIDS (síndrome da imunodeficiência adquirida). (A outra metade do prêmio foi concedida a Harald zur Hausen).

Françoise Barré-Sinoussi nasceu em 30 de julho de 1947, em Paris, França. Estudou no Instituto Pasteur em Garches, França, obtendo o doutorado em 1975. Fez então um pós-doutorado nos Estados Unidos no Instituto Nacional do Câncer em Bethesda, Maryland. Em 1975, Barré-Sinoussi ingressou no Instituto Pasteur em Paris. Ela se tornou chefe da Unidade de Biologia de

Retrovírus do Instituto (mais tarde denominada Unidade de Regulamentação de Infecções por Retrovírus) em 1996.

Quando Montagnier liderou os esforços no Instituto Pasteur em 1982 para determinar uma causa para a AIDS, Françoise Barré-Sinoussi era um membro de sua equipe. Através da dissecção do linfonodo de um paciente infectado, eles determinaram que a AIDS era causada por um retrovírus, que passou a ser conhecido como HIV. Seu trabalho levou ao desenvolvimento de novos medicamentos antivirais e métodos de diagnóstico.

Destaques

- Françoise Barré-Sinoussi obteve o doutorado (1975) no Instituto Pasteur em Garches, França, e fez o pós-doutorado nos Estados Unidos no Instituto Nacional do Câncer em Bethesda, Maryland.
- Em 1975 ela ingressou no Instituto Pasteur em Paris, e em 1996 tornou-se chefe da Unidade de Biologia de Retrovírus (mais tarde denominada Unidade de Regulação de Infecções por Retrovírus) lá.
- De 2012 a 2014 Barré-Sinoussi foi presidente da Sociedade Internacional de AIDS.
- Quando Montagnier liderou os esforços no Instituto Pasteur em 1982 para determinar uma causa para a AIDS, Barré-Sinoussi era um membro de sua equipe.

Questões de pesquisa

---

1. Como você acha que o futuro da ciência vai lidar com os recém-chegados e aqueles que querem mudar com o tempo?
2. O que alguns cientistas deste período dizem sobre as mulheres cientistas?

Margaret Hamilton (nascida em 1936)

Cientista da computação americano, engenheiro de software de voo líder da Apollo

"Software eventualmente e necessariamente ganhou o mesmo respeito que qualquer outra disciplina".

Margaret Hamilton foi uma das primeiras programadoras de software de computador; ela criou o termo engenheiro de software para descrever seu trabalho. Ela ajudou a escrever o código de computador para os módulos de comando e lunar usados nas missões Apollo à Lua no final dos anos 60 e início dos anos 70 (ver exploração espacial).

Margaret Hamilton nasceu Margaret Heafield em 17 de agosto de 1936, em Paoli, Indiana. Ela recebeu o bacharelado em matemática pelo Earlham

College em Richmond, Indiana, em 1958. Posteriormente casou-se com James Hamilton e lecionou matemática no ensino médio por um curto período. O casal mudou-se para Boston, Massachusetts, onde Margaret planejou freqüentar a Universidade Brandeis para estudar matemática abstrata.

Entretanto, Margaret Hamilton aceitou um emprego no Massachusetts Institute of Technology (MIT), onde ela começou a programar software para prever o tempo. Hamilton também fez um trabalho de pós-graduação em meteorologia.

No Laboratório Lincoln Hamilton do MIT trabalhou no projeto Semi-Automatic Ground Environment (SAGE), o primeiro sistema de defesa aérea da América. Ela escreveu um software para um programa de identificação de aeronaves inimigas. Hamilton trabalhou em seguida no Laboratório de Instrumentação do MIT (agora o independente Laboratório Charles Stark Draper), que forneceu tecnologia aeronáutica para a Administração Nacional de Aeronáutica e Espaço (NASA).

Margaret Hamilton liderou uma equipe que recebeu a tarefa de desenvolver o software para os sistemas de orientação e controle dos módulos de comando em vôo e lunares das missões Apollo. Como não havia escolas que ensinavam engenharia de software, os membros da equipe tiveram que resolver qualquer problema por conta própria.

A própria Margaret Hamilton concentrou-se especificamente no software para detectar erros de sistema e recuperar informações em uma falha de computador. Ambos esses elementos foram cruciais durante a missão Apollo 11, que levou com sucesso os astronautas Neil Armstrong e Edwin ("Buzz") Aldrin, Jr., à Lua.

Margaret Hamilton deixou o MIT em meados da década de 1970 para trabalhar no setor privado. A Hamilton cofundou a empresa Higher Order Software em 1976 e fundou a Hamilton Technologies 10 anos mais tarde.

A NASA concedeu a Margaret Hamilton o Prêmio Excepcional da Lei Espacial em 2003 em homenagem à sua contribuição para o sucesso das missões Apollo. O Presidente Barack Obama a presenteou com a Medalha Presidencial da Liberdade dos Estados Unidos em 2016.

Destaques

- Margaret Hamilton ajudou a escrever o código do computador para os módulos de comando e lunar usados nas missões Apollo à Lua no final dos anos 60 e início dos anos 70.
- Embora Margaret planejasse estudar matemática abstrata na Universidade Brandeis, ela aceitou um emprego no Instituto de Tecnologia de Massachusetts (MIT) enquanto seu marido freqüentava a Faculdade de Direito de Harvard.
- No MIT ela começou a programar software para prever o tempo e fez um trabalho de pós-graduação em meteorologia.
- No início dos anos 60, Hamilton juntou-se ao Laboratório Lincoln do MIT, onde esteve envolvida no projeto Semi-Automatic Ground Environment (SAGE), o primeiro sistema de defesa aérea dos EUA.

Questões de pesquisa

---

1. Quais poderiam ser algumas das barreiras que poderiam impedir meninas e mulheres de entrar em campos onde elas estão sub-representadas, como matemática e informática?
2. Qual é o legado das mulheres cientistas do século XX?
3. Por que as mulheres ainda hoje lutam pela igualdade, se no passado as mulheres conseguiram tanto?

Emmy Noether (1882 - 1935)

matemático alemão conhecido por suas contribuições marcantes para a álgebra abstrata e a física teórica

"Meus métodos [algébricos] são realmente métodos de trabalho e pensamento; é por isso que eles entraram em todos os lugares anonimamente".

Reconhecido como um dos mais criativos algebristas abstratos dos tempos modernos, Emmy Noether desenvolveu uma teoria abstrata que reuniu muitos desenvolvimentos matemáticos. Noether trouxe inovações surpreendentes para uma álgebra superior. As áreas de pesquisa do matemático alemão incluem a teoria geral dos ideais e a aplicação de álgebras não-comutativas a campos numéricos comutativos.

Amalie Emmy Noether nasceu em Erlangen, Alemanha, em 23 de março de 1882. Seu pai, Max Noether, era professor de Matemática. Ela recebeu um Ph.D. da Universidade de Erlangen em 1907, com uma dissertação sobre invariantes algébricos.

Emmy Noether deu aulas na universidade a partir de 1913, substituindo ocasionalmente seu pai. Em 1915, ela foi para a Universidade de Göttingen. Apesar das objeções de alguns membros da faculdade, ela foi formalmente admitida como professora acadêmica em 1919.

Emmy Noether ganhou reconhecimento pela primeira vez quando seu trabalho foi publicado no Mathematische Zeitschrift em 1920. Nos seis anos seguintes, ela se concentrou na teoria geral dos ideais (subconjuntos especiais de anéis), para a qual seu teorema residual é uma parte importante.

A partir de 1927 Noether concentrado em algebras não-comutativas, ou as algebras em que a ordem em que os números são multiplicados afeta a resposta. Ela construiu a teoria das álgebras não-comutativas de uma forma recém unificada e puramente conceitual. Em colaboração com Helmut Hasse e Richard Brauer, Noether investigou a estrutura das algas não comutativas e sua aplicação a campos comutativos por meio de produto cruzado (uma forma de multiplicação usada entre dois vetores).

De 1930 a 1933, Emmy Noether foi o centro da atividade matemática mais forte em Göttingen. A extensão e o significado de seu trabalho não podem ser julgados com precisão a partir de seus trabalhos. Muito de seu trabalho apareceu nas publicações de estudantes e colegas, e muitas vezes uma sugestão ou mesmo uma observação casual revelou sua grande percepção e estimulou outra a completar e aperfeiçoar alguma idéia.

Emmy Noether ajudou a editar o Mathematische Annalen, mas ela foi dispensada junto com outros professores judeus quando os nazistas chegaram ao poder em 1933. Ela e seus colegas judeus também foram demitidos de seus postos na universidade.

Nesse ano, Emmy Noether partiu para os Estados Unidos para se tornar professor visitante de matemática no Bryn Mawr College, na Pensilvânia. Enquanto lecionava na Bryn Mawr, Noether também lecionou e conduziu pesquisas no Institute for Advanced Study em Princeton, Nova Jersey. Emmy Noether morreu em 14 de abril de 1935, em Bryn Mawr, Pennsylvania.

Destaques

- Emmy Noether foi certificada para ensinar inglês e francês em escolas para meninas em 1900, mas ela optou por estudar matemática na Universidade de Erlangen (hoje Universidade de Erlangen-Nürnberg). Naquela época, as mulheres só podiam auditar as aulas com a permissão do instrutor.
- Noether recebeu um Ph.D. de Erlangen em 1907, com uma dissertação sobre invariantes algébricos.
- A partir de 1927 Emmy Noether concentrou-se em algébras não comutativas (algebras nas quais a ordem em que os números são multiplicados afeta a resposta), suas transformações lineares e sua aplicação aos campos de números comutativos.
- Em colaboração com Helmut Hasse e Richard Brauer, Noether investigou a estrutura das algas não comutativas e sua aplicação em campos comutativos por meio de produto cruzado (uma forma de multiplicação usada entre dois vetores).

Questões de pesquisa

---

1. Você já leu algum livro sobre esta mulher? Em caso afirmativo, qual(is)?
2. Quais são seus livros científicos favoritos? Eles mencionam mais os homens do que as mulheres cientistas e isso deve ser mudado?

Valentina Tereshkova (nascida em 1937)

Cosmonauta soviética, engenheira e a primeira mulher no espaço

"Ei céu, tire seu chapéu, estou a caminho!"

A primeira mulher a viajar no espaço foi uma cosmonauta soviética chamada Valentina Tereshkova. Sua nave espacial, Vostok 6, foi lançada em 16 de junho de 1963. Ela completou 48 órbitas da Terra em 71 horas antes de pousar em segurança. No espaço, ao mesmo tempo, estava o companheiro cosmonauta Valery Bykovsky, que havia sido lançado dois dias antes, na Vostok 5. Sua embarcação também aterrissou em 19 de junho.

Valentina Vladimirovna Tereshkova nasceu em 6 de março de 1937, em Maslennikovo, Rússia, U.S.S.R., perto da grande cidade de Yaroslavl. Como seu pai foi morto no início da Segunda Guerra Mundial, sua vida precoce foi difícil.

Tereshkova só começou a estudar aos 10 anos de idade, e aos 17 ela era aprendiz na fábrica de pneus Yaroslavl. Ela também trabalhava em uma fábrica têxtil. Valentina Tereshkova tornou-se uma ardente comunista, entrou para a Komsomol (Liga Comunista da Juventude), e começou a praticar pára-quedismo como hobby. Em 1961, Tereshkova se tornou membro do partido comunista.

Em 1961, o cosmonauta soviético Yury Gagarin tornou-se o primeiro homem a orbitar a Terra. Inspirado por sua façanha, Tereshkova candidatou-se para se tornar um cosmonauta. Sua experiência em pára-quedismo ajudou-a a ganhar uma chance de ser cosmonauta. Valentina Tereshkova foi aceita no programa espacial soviético em 1962 e começou a treinar. Seu vôo histórico aconteceu no ano seguinte.

Após seu vôo, Valentina Tereshkova deixou o programa espacial e casou-se com o cosmonauta Andriyan Nikolayev (eles se divorciaram mais tarde). Ela começou uma carreira na política. De 1966 até 1991, Tereshkova foi membro ativo do Soviete Supremo, a legislatura do país.

Em 1968, ela dirigiu o Comitê das Mulheres Soviéticas. Valentina Tereshkova foi membro da Presidência Suprema Soviética de 1974 a 1991. Em 2008 ela se tornou deputada do Parlamento da província de Yaroslavl como membro do partido Rússia Unida. Valentina Tereshkova foi nomeada Herói da União Soviética e recebeu a Ordem de Lênin duas vezes.

Destaques

- Embora Valentina Tereshkova não tivesse nenhum treinamento piloto, ela era uma pára-quedista amadora realizada e, nesta base, foi aceita para o programa cosmonauta quando se voluntariou em 1961.
- De 1966 até 1991, Tereshkova foi membro ativo na R.U.S.R. Supremo Soviético. Ela dirigiu o Comitê das Mulheres Soviéticas em 1968, e de 1974 a 1991 Tereshkova serviu como membro do Presidium Supremo Soviético.
- Em 2008, Tereshkova se tornou presidente adjunto do parlamento da província de Yaroslavl como membro do partido Rússia Unida.

- Tereshkova foi nomeado Herói da União Soviética e recebeu duas vezes a Ordem de Lênin.

Questões de pesquisa

---

1. De qual cientista do século 20 você mais conhece?
2. Quem foi a primeira mulher a receber um Prêmio Nobel em ciência?
3. Quem foram suas heroínas cientistas e por quê?

Lynn Margulis (1938 - 2011)

teórico da evolução americana, biólogo, autor de ciência, educador e popularizador da ciência

"Por todas as realizações da biologia molecular, ainda não podemos distinguir um gato vivo de um gato morto".

Lynn Margulis revolucionou o conceito moderno de como a vida surgiu na Terra ao propor a teoria de que estruturas internas multicelulares de todos os organismos superiores evoluíram a partir de simples organismos unicelulares, tais como as bactérias. Ela foi uma das primeiras biólogas a considerar o papel da simbiose na evolução. Suas idéias foram frequentemente recebidas com ceticismo e até mesmo hostilidade.

Lynn Margulis nasceu Lynn Petra Alexander em 5 de março de 1938, em Chicago, Illinois. Ela se formou com um bacharelado pela Universidade de Chicago, em 1957. Logo depois, ela casou-se com o astrônomo americano

Carl Sagan, com quem teve dois filhos; um deles, Dorion Sagan, se tornaria seu freqüente colaborador. O casal se divorciou em 1964. Margulis é o sobrenome do segundo marido de Lynn, com quem ela se casou em 1967; o casal se divorciou em 1980.

Lynn Margulis obteve um mestrado em zoologia e genética pela Universidade de Wisconsin em Madison em 1960 e um doutorado em genética pela Universidade da Califórnia em Berkeley em 1965. Ela entrou para o departamento de biologia da Universidade de Boston em Massachusetts em 1966 e ensinou lá até 1988, quando Margulis se tornou professora no departamento de botânica da Universidade de Massachusetts em Amherst. Lynn Margulis mudou-se para o departamento de biologia em 1993 e depois para o departamento de geociências em 1997.

Lynn Margulis explicou o conceito de células com núcleos evoluindo a partir da fusão simbiótica de bactérias em seu primeiro livro, Origin of Eukaryotic Cells (1970). Na época, sua teoria era considerada rebuscada, mas desde então ela tem sido amplamente aceita.

Margulis elaborou suas idéias em Symbiosis in Cell Evolution (1981). O livro Five Kingdoms de Margulis de 1982, escrito com a bióloga americana Karlene V. Schwartz, explica o sistema de cinco reinos de classificação da vida na Terra - animais, plantas, bactérias, fungos e prototistas. Lynn Margulis rejeitou modelos que classificavam a vida em três reinos ou em mais de cinco reinos, o último dos quais se tornou popular no século 21.

Outra área de interesse para Lynn Margulis foi sua longa colaboração com o cientista britânico James Lovelock sobre a controversa hipótese Gaia. Isto propõe que a Terra pode ser vista como uma entidade complexa, cujos elementos vivos e inorgânicos são interdependentes e cujas formas de vida modificam o ambiente para manter condições hospitaleiras.

Além das publicações acadêmicas de Lynn Margulis, ela escreveu numerosos livros interpretando conceitos científicos para um público geral. Entre eles estavam Mystery Dance: On the Evolution of Human Sexuality (1991), What Is Life? (1995), O que é o sexo? (1997), e Dazzle Gradualmente: Reflexões sobre a Natureza na Natureza (2007), todas covardemente escritas com seu filho.

Margulis também escreveu um livro de histórias, Luminous Fish (2007). Seus últimos livros foram publicados sob o título Sciencewriters Books imprint da Chelsea Green Publishing, que ela co-fundou com Dorion em 2006.

Lynn Margulis foi eleita para a Academia Nacional de Ciências em 1983 e foi um dos três membros americanos da Academia Russa de Ciências Naturais. Ela recebeu a Medalha Nacional de Ciências dos EUA em 1999, e em 2008 recebeu a Medalha Darwin-Wallace da Sociedade Linnean de Londres (Inglaterra). Lynn Margulis faleceu em 22 de novembro de 2011, em Amherst, Massachusetts.

Destaques

- Além das publicações acadêmicas de Lynn Margulis, ela escreveu numerosos livros interpretando conceitos científicos e quandaries para um público popular.
- Entre eles estavam o Mystery Dance: On the Evolution of Human Sexuality (1991), What Is Life? (1995), O que é o sexo? (1997), e Dazzle Gradualmente: Reflexões sobre a Natureza na Natureza (2007), todas covardemente escritas com seu filho.
- Margulis também escreveu um livro de histórias, Luminous Fish (2007).
- Ela foi eleita para a Academia Nacional de Ciências em 1983 e foi um dos três membros americanos da Academia Russa de Ciências Naturais.

Questões de pesquisa

---

1. Que uma mulher cientista você admira profundamente? Por que você a admira?
2. Você já teve problemas com colegas homens ou colegas que foram ameaçados por seu talento ou conhecimento?

Margaret Mead (1901 - 1978)

Antropóloga cultural americana mais conhecida por seus estudos sobre os povos da Oceania

"As crianças devem ser ensinadas a pensar, não o que pensar".

Com a publicação em 1928 de seu primeiro livro, Coming of Age in Samoa, Margaret Mead começou a estabelecer sua reputação como uma das antropólogas mais importantes do século XX. Ela também foi uma oradora popular e controversa sobre questões sociais contemporâneas como os direitos da mulher, a criação de crianças, o abuso de drogas, o controle populacional e a fome mundial. Como antropóloga, Margaret Mead publicou extensamente sobre os povos do Pacífico Sul.

Margaret Mead nasceu em 16 de dezembro de 1901, na Filadélfia, Pennsylvania. Ela recebeu seu mestrado em psicologia pelo Barnard College em 1924 e obteve seu doutorado na Universidade de Columbia sob a orientação do antropólogo Franz Boas. Enquanto estava na Columbia, ela fez a primeira de várias viagens ao Pacífico Sul em 1925-26.

Margaret Mead tornou-se curadora assistente de etnologia no Museu Americano de História Natural em Nova York em 1926 e permaneceu no museu até 1969, os últimos cinco anos como curadora. De 1954 até a aposentadoria, Mead lecionou antropologia na Columbia e presidiu a divisão de ciências sociais da Universidade de Fordham (1968-71).

Margaret Mead morreu na cidade de Nova York em 15 de novembro de 1978. No ano seguinte, ela foi condecorada postumamente com a Medalha Presidencial da Liberdade.

O Coming of Age permaneceu no prelo desde sua primeira publicação. Entre os outros livros de Mead estão Growing Up in New Guinea (1930) e Sex and Temperament in Three Primitive Societies (1935). Margaret Mead analisou os padrões culturais americanos em E Keep Your Powder Dry em 1942.

Uma de suas publicações posteriores mais significativas foi Male and Female (1949). Sua autobiografia, Blackberry Winter, foi publicada em 1972.

Destaques

- Margaret Mead se formou em Barnard em 1923 e entrou na escola de pós-graduação da Universidade de Columbia, onde estudou com e foi muito influenciada pelos antropólogos Franz Boas e Ruth Benedict (uma amiga para toda a vida).
- Em 1925, durante a primeira de suas muitas viagens de campo aos Mares do Sul, ela reuniu material para o primeiro de seus 23 livros, Coming of Age in Samoa (1928; nova edição, 2001), um best-seller perene e um exemplo característico de sua confiança na observação em vez de estatísticas para os dados.
- Suas contribuições à ciência receberam um reconhecimento especial quando, aos 72 anos de idade, ela foi eleita para a presidência da Associação Americana para o Progresso da Ciência.
- Em 1979 ela foi condecorada postumamente com a Medalha Presidencial da Liberdade, a maior honraria civil dos Estados Unidos.

Questões de pesquisa

1. Se você fosse uma cientista do século XX, o que você gostaria de saber sobre sua vida e seu trabalho?
2. Existem outras cientistas famosas que são bem conhecidas por suas realizações de 1900-1970?

Cecilia Payne-Gaposchkin (1900 - 1979)

Astrônomo e astrofísico americano de origem britânica

"Sua recompensa será o alargamento do horizonte à medida que você sobe. E se você conseguir essa recompensa, não pedirá outra".

Cecilia Payne-Gaposchkin conduziu uma pesquisa pioneira sobre a composição de estrelas. Ela descobriu que as estrelas são feitas principalmente de hidrogênio e hélio.

Cecilia Helena Payne nasceu em 10 de maio de 1900, em Wendover, Inglaterra. Ela estudou na Universidade de Cambridge, onde se formou em 1923. Sir Arthur Eddington, um notável astrônomo e físico britânico, encorajou a ambição de Payne de se tornar astrônomo. No entanto, ela acreditava que havia mais oportunidades para uma mulher trabalhar em astronomia nos Estados Unidos do que na Grã-Bretanha.

Após sua graduação em Cambridge, Payne aceitou uma bolsa para estudar no Harvard College Observatory, em Cambridge, Massachusetts.

Cecilia Payne-Gaposchkin obteve um Ph.D. em astronomia em 1925. Harvard não concedeu doutorado a mulheres naquela época. Payne recebeu assim o diploma da Radcliffe College, uma faculdade feminina que há muito tempo estava afiliada a Harvard (e mais tarde se fundiu com ela). Seu diploma foi o primeiro Ph.D. em astronomia já concedido pela Radcliffe.

Em sua tese de doutorado, Cecilia Payne-Gaposchkin analisou os espectros, ou propriedades da luz, emitidos por vários tipos de estrelas. Outros cientistas, incluindo Annie Jump Cannon, já haviam trabalhado na classificação das estrelas de acordo com suas qualidades espectrais. Payne foi capaz de fornecer medições precisas de temperaturas estelares para as principais classes espectrais de estrelas. Ela também determinou que o hidrogênio e o hélio são, de longe, os elementos mais abundantes nas estrelas.

Payne publicou sua tese como livro, Stellar Atmospheres, em 1925. Sua descoberta de que as estrelas são compostas principalmente de hidrogênio e hélio não foi imediatamente aceita pela comunidade científica. O influente astrônomo americano Henry Norris Russell estava entre os cientistas que haviam assumido que as estrelas teriam a mesma composição que a Terra. Em 1929, porém, o próprio Russell havia confirmado a conclusão de Payne. Os astrônomos Otto Struve e Velta Zebergs chamaram mais tarde o trabalho de Payne de "sem dúvida a mais brilhante tese de doutorado jamais escrita em astronomia".

Após concluir seu doutorado, Payne permaneceu no Observatório do Colégio de Harvard como assistente técnico. Seu segundo livro, Stars of High Luminosity (1930), marcou o início de seu interesse por estrelas variáveis (estrelas cuja luz observada varia notavelmente de intensidade). Enquanto viajava pela Europa em 1933, ela conheceu o astrônomo russo Sergey Gaposchkin. Ele não pôde voltar à União Soviética por causa de sua política. Payne ajudou a encontrar um cargo para ele em Harvard. Eles se casaram em 1934. Os dois colaboraram frequentemente em estudos de estrelas variáveis.

Payne-Gaposchkin foi nomeado palestrante em astronomia em Harvard em 1938. Em 1956 ela foi nomeada professora titular em Harvard e nomeada presidente do departamento de astronomia.

Cecilia Payne-Gaposchkin se aposentou em 1966. Payne-Gaposchkin morreu em 7 de dezembro de 1979, em Cambridge, Massachusetts. Cecilia Payne-Gaposchkin: Uma Autobiografia e Outras Recoleções apareceu em 1984.

Destaques

- Em 1933 Payne viajou para a Europa para conhecer o astrônomo russo Boris Gerasimovich, que havia trabalhado anteriormente no Observatório da Faculdade de Harvard e com quem ela planejava escrever um livro sobre estrelas variáveis.
- Payne conheceu Sergey Gaposchkin, um astrônomo russo que não pôde voltar à União Soviética por causa de sua política. Eles se casaram em 1934 e muitas vezes colaboraram em estudos de estrelas variáveis.
- Ela foi nomeada professora de astronomia em 1938, mas embora ela tenha ministrado cursos, eles só foram incluídos no catálogo de Harvard depois da Segunda Guerra Mundial.
- Em 1956 Payne foi nomeado professor titular em Harvard e tornou-se presidente do departamento de astronomia.

Questões de pesquisa

---

1. O que teríamos visto agora se todas as mulheres cientistas deste período ainda estivessem vivas para trabalhar conosco hoje?
2. Quais são algumas maneiras que os humanos poderiam aceitar mais para com as mulheres nestes campos hoje em dia (pensamentos idealistas)?

Jocelyn Bell Burnell (nascida em 1943)

Astrônomo britânico que descobriu os primeiros pulsares de rádio

"Há poeira das estrelas em suas veias. Somos literalmente, em última análise, filhos das estrelas".

Jocelyn Bell Burnell descobriu os pulsares, as fontes cósmicas de pulsos de rádio peculiares. Ela nasceu em 15 de julho de 1943, em Belfast, Irlanda do Norte. Burnell freqüentou a Universidade de Glasgow, na Escócia, onde recebeu o bacharelado (1965) em Física. Seguiu para a Universidade de Cambridge, Inglaterra, onde Bell Burnell recebeu o doutorado (1969) em radioastronomia.

Como assistente de pesquisa em Cambridge, Jocelyn Bell Burnell ajudou na construção de um grande radiotelescópio e em 1967, enquanto revisava as impressões de suas experiências monitorando quasares, descobriu uma série de pulsos de rádio extremamente regulares. Puzzled, ela consultou seu conselheiro, o astrofísico Antony Hewish, e sua equipe passou os meses seguintes eliminando possíveis fontes dos pulsos, os quais eles brincaram chamando de LGM (para Pequenos Homens Verdes) em referência à possibilidade remota de que eles representavam tentativas de comunicação por inteligência extraterrestre.

Após monitorar os pulsos usando equipamentos mais sensíveis, a equipe descobriu vários padrões mais regulares de ondas de rádio e determinou que elas de fato emanavam de estrelas de nêutrons de rotação rápida (estrelas de rádio pulsantes), que mais tarde foram chamadas de pulsares pela imprensa.

O Prêmio Nobel de Física de 1974 foi concedido a Hewish e Martin Ryle pela descoberta dos pulsares. Vários cientistas proeminentes protestaram contra a omissão de Bell Burnell, embora ela tenha sustentado que o prêmio foi apresentado de forma apropriada, dada sua condição de estudante na época da descoberta. Após sua descoberta, Bell Burnell lecionou na Universidade de Southampton (1970-73) antes de se tornar professora no University College London (1974-82).

Jocelyn Bell Burnell também lecionou na Universidade Aberta (1973-87) e trabalhou no Observatório Real em Edimburgo (1982-91) antes de servir como professora de física na Universidade Aberta (1991-2001). Foi então nomeada decano de ciências na Universidade de Bath (2001-04), após o que Bell Burnell aceitou um cargo como professora visitante na Universidade de Oxford, Inglaterra.

Jocelyn Bell Burnell foi criada Comandante da Ordem do Império Britânico (CBE) em 1999 e Dame (DBE) em 2007. Bell Burnell tornou-se membro da Sociedade Real Britânica em 2003. Bell Burnell também serviu como presidente da Royal Astronomical Society (2002-04) e foi eleito para um mandato de dois anos como presidente do Instituto de Física em 2008.

Destaques

- Jocelyn Bell Burnell freqüentou a Universidade de Glasgow, onde recebeu o bacharelado (1965) em Física. Ela prosseguiu para a

Universidade de Cambridge, onde recebeu um doutorado (1969) em radioastronomia.

- Como assistente de pesquisa em Cambridge, Bell Burnell ajudou na construção de um grande radiotelescópio e em 1967, enquanto revisava as impressões de seus experimentos monitorando quasares, descobriu uma série de pulsos de rádio extremamente regulares.
- Após monitorar os pulsos usando equipamentos mais sensíveis, a equipe descobriu vários padrões mais regulares de ondas de rádio e determinou que elas de fato emanavam de estrelas de nêutrons de rotação rápida, que mais tarde foram chamadas de pulsares pela imprensa.
- Bell Burnell também serviu como presidente da Royal Astronomical Society (2002-2004) e foi eleito para um mandato de dois anos como presidente do Instituto de Física em 2008.

Questões de pesquisa

---

1. Quais são algumas qualificações que uma pessoa deve ter para ser considerada uma cientista do século XX?
2. Nomear três outras astrônomas femininas do século 20

Lise Meitner (1878 - 1968)

físico austríaco que descobriu o isótopo radioativo protactinium-231

"A ciência faz as pessoas alcançarem a verdade e a objetividade; ela ensina as pessoas a aceitar a realidade, com admiração e admiração, sem mencionar o profundo espanto e alegria que a ordem natural das coisas traz para o verdadeiro cientista".

A física austríaca Lise Meitner compartilhou o prêmio Enrico Fermi em 1966 com Otto Hahn e Fritz Strassmann pela pesquisa que levou à descoberta da fissão nuclear. O próprio trabalho primário de Lise Meitner em física tratou da relação entre os raios beta e os raios gama.

Lise Meitner nasceu em Viena em 7 de novembro de 1878. Ela estudou na Universidade de Viena, onde recebeu seu doutorado em física em 1907.

Depois foi para Berlim para juntar-se ao químico Otto Hahn na pesquisa sobre radioatividade. Meitner estudou com Max Planck e trabalhou como seu assistente.

Em 1913, Lise Meitner tornou-se membro do Instituto Kaiser Wilhelm em Berlim (agora Instituto Max Planck). Em 1917 Meitner tornou-se chefe de sua seção de física e codiretor com Otto Hahn. Eles trabalharam juntos por cerca de 30 anos e descobriram e nomearam protactinium. Eles também investigaram os produtos do bombardeio de urânio com neutrões.

Como Lise Meitner era judia, Meitner fugiu da Alemanha em 1938 para escapar da perseguição nazista. Ela foi para a Suécia, que permaneceu neutra durante a Segunda Guerra Mundial. Aqui, com seu sobrinho Otto Frisch, ela estudou as características físicas do urânio bombardeado por nêutrons e propôs o nome fissão para o processo. Hahn e Strassmann, seguindo a mesma linha de pesquisa, observaram que o bombardeio produziu elementos muito mais leves.

Avanços posteriores no estudo da fissão nuclear levaram a armas nucleares e energia nuclear. Em 1960, ela se aposentou para morar na Inglaterra. Lise Meitner morreu em Cambridge em 27 de outubro de 1968.

Destaques

- Após receber seu doutorado na Universidade de Viena (1906), Lise Meitner assistiu às palestras de Max Planck em Berlim em 1907 e se juntou à Hahn na pesquisa sobre radioatividade.
- Durante três décadas de associação, ela e Hahn estiveram entre as primeiras a isolar o isótopo protactínio-231 (que denominaram), estudaram o isomerismo nuclear e a decadência beta, e na década de 1930 (junto com Strassmann) investigaram os produtos do bombardeio de nêutrons de urânio.
- Em 1944 Hahn recebeu o Prêmio Nobel de Química por descobrir a fissão nuclear, embora alguns tenham argumentado que Meitner merecia uma parte do prêmio.
- Durante este tempo, Meitner foi convidada a trabalhar no Projeto Manhattan (1942-1945) nos Estados Unidos. Ela se opôs à bomba atômica, no entanto, e rejeitou a oferta.

1. Você acha importante para as meninas ver modelos como estes quando elas estão começando em carreiras científicas? Por que/Por que não?
2. Alguma pessoa em sua escola ou local de trabalho já teve alguma reação sexista a algo relacionado à física, engenharia, matemática, etc., e se sim, como você reagiu?

Christiane Nüsslein-Volhard (nascida em 1942)

Biólogo de desenvolvimento alemão e ganhador do Prêmio Nobel

"Eu adorei imediatamente trabalhar com moscas. Elas me fascinavam e me seguiam em meus sonhos. "

Christiane Nüsslein-Volhard ganhou o Prêmio Nobel de Fisiologia ou Medicina em 1995 por fazer contribuições significativas para o estudo de como os seres vivos se desenvolvem dos embriões aos adultos. Nüsslein-Volhard dividiu o prêmio com os geneticistas Eric F. Wieschaus e Edward B. Lewis. Nüsslein-Volhard, trabalhando com Wieschaus, expandiram o trabalho pioneiro de Lewis, que utilizou a mosca da fruta (Drosophila melanogaster) como assunto experimental.

Nüsslein-Volhard nasceu em 20 de outubro de 1942, em Magdeburg, Alemanha. Ela freqüentou a Universidade Goethe de Frankfurt am Main antes de se transferir para a Universidade Eberhard-Karl de Tübingen para participar de um novo currículo em bioquímica, o primeiro deste tipo na Alemanha.

Christiane Nüsslein-Volhard recebeu um diploma em bioquímica em 1968 e um doutorado em genética em 1973. Em busca de um projeto de pós-doutorado, ela encontrou a mosca da fruta, que havia sido usada por outros cientistas para estudar as mutações genéticas. Como a mosca-das-frutas se desenvolveu do ovo fertilizado ao embrião em nove dias e sua estrutura genética era semelhante à dos humanos, ela era um tema de pesquisa ideal.

Depois de ter recebido bolsas na Basiléia, Suíça, e Freiburg, Alemanha Oriental (agora Alemanha), Christiane Nüsslein-Volhard juntou-se a Wieschaus como líder do grupo no Laboratório Europeu de Biologia Molecular em Heidelberg, Alemanha Ocidental (agora Alemanha). Lá, os dois cientistas passaram mais de um ano cruzando 40.000 famílias de moscas da fruta e examinando sistematicamente sua composição genética.

Seus métodos de tentativa e erro resultaram na descoberta de que, dos 20.000 genes da mosca, cerca de 5.000 são considerados importantes para o desenvolvimento precoce e cerca de 140 são essenciais. Nüsslein-Volhard e Wieschaus publicaram suas descobertas na revista científica inglesa Nature em 1980.

A descoberta de Christiane Nüsslein-Volhard e Wieschaus teve um efeito imediato e dramático na biologia do desenvolvimento. As duas haviam estabelecido pela primeira vez que os genes que controlavam o desenvolvimento podiam ser identificados individualmente, o que encorajava os cientistas a buscar genes de desenvolvimento em outras espécies, incluindo os humanos. Usando os experimentos com mosca-das-frutas como um plano, os cientistas foram capazes de identificar os genes em humanos responsáveis por causar vários defeitos de nascença.

Em 1981 Christiane Nüsslein-Volhard retornou a Tübingen, onde, em 1985, tornou-se diretora do Instituto Max Planck de Biologia do Desenvolvimento. Ela continuou a experimentar a genética do desenvolvimento e publicou artigos sobre o assunto ao longo do início do século 21.

Além de suas experiências com Drosophila, Christiane Nüsslein-Volhard investigou o desenvolvimento genético do peixe zebra (Danio rerio) e procurou usá-lo como modelo para o desenvolvimento de vertebrados.

Além do Prêmio Nobel, Christiane Nüsslein-Volhard recebeu o Prêmio Leibniz em 1986 e o Prêmio Albert Lasker de Pesquisa Médica Básica em 1991. Ela também publicou vários livros, incluindo Zebrafish: A Practical Approach (2002; escrito com Ralf Dahm) e Coming to Life: How Genes Drive Development (2006).

Destaques

- Na Universidade Eberhard-Karl de Tübingen, Christiane Nüsslein-Volhard recebeu um diploma em bioquímica em 1968 e um doutorado em genética em 1973.
- Em 1981, Nüsslein-Volhard voltou a Tübingen, onde atuou como diretora do Instituto Max Planck de Biologia do Desenvolvimento de 1985 a 2015.
- Em Heidelberg, Nüsslein-Volhard e Wieschaus passaram mais de um ano cruzando 40.000 famílias de moscas-das-frutas e examinando sistematicamente sua composição genética em um microscópio duplo.
- Eles atribuíram a responsabilidade pelo desenvolvimento embrionário da mosca-das-frutas a três categorias genéticas: os genes de lacuna, que traçam o plano do corpo cabeça a rabo; os genes de par de regras, que determinam a segmentação do corpo; e os genes de polaridade de segmentos, que estabelecem estruturas de repetição dentro de cada segmento.
- Christiane Nüsslein-Volhard também publicou vários livros, incluindo Zebrafish: A Practical Approach (2002; escrito com Ralf Dahm) e Coming to Life: How Genes Drive Development (2006).

Questões de pesquisa

---

1. Você já teve alguma experiência quando alguém acabou de descontar seu valor como garota ou mulher, e isso já fez você querer desistir?
2. Como você acha que a vida dela teria sido diferente se ela tivesse seguido uma carreira na filosofia ao invés da biologia?

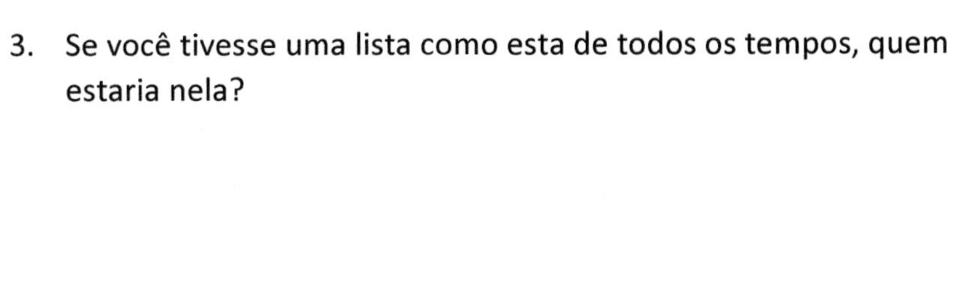

3. Se você tivesse uma lista como esta de todos os tempos, quem estaria nela?

Peggy Whitson (nascida em 1960)

Pesquisador americano de bioquímica e astronauta aposentado da NASA

"Eu certamente encorajaria os jovens a perseguir seus sonhos. Nem sempre é um caminho fácil, mas vale a pena ir atrás".

A bioquímica e astronauta americana Peggy Whitson foi a primeira comandante feminina da Estação Espacial Internacional (ISS). A Whitson estabeleceu um recorde entre as astronautas americanas e entre as mulheres por passar o maior tempo no espaço.

Em 2016, quando Whitson tinha 56 anos, ela voltou à ISS pela terceira vez, tornando-se a mulher mais velha a passar tempo no espaço.

Peggy Annette Whitson nasceu em 9 de fevereiro de 1960, em Mount Ayr, Iowa. Ela recebeu um bacharelado em biologia e química pela Iowa Wesleyan College em Mount Pleasant, Iowa, em 1981, e um doutorado em bioquímica pela Rice University em Houston, Texas, em 1985. Em 1986 ela se mudou para o Centro Espacial Johnson Space Center (JSC) da National Aeronautics and Space Administration (NASA), em Houston, como associada de pesquisa.

Peggy Whitson posteriormente trabalhou como supervisora do Grupo de Pesquisa Bioquímica na KRUG International, uma empreiteira de ciências médicas da NASA no JSC. A Whitson teve uma longa e variada carreira na NASA antes de sua seleção como candidata a astronauta.

Entre outros cargos, a Whitson trabalhou na divisão de Operações Biomédicas e Pesquisa no JSC de 1989 a 1993 e foi chefe da divisão adjunta da Divisão de Ciências Médicas do JSC de 1993 a 1996. Ela também participou de esforços conjuntos entre cientistas americanos e soviéticos (posteriormente russos).

Peggy Whitson começou seu treinamento como astronauta em agosto de 1996. Após completar dois anos de treinamento, ela trabalhou em vários cargos técnicos na filial de Planejamento de Operações do Escritório de Astronautas da NASA. Ela voou para o espaço pela primeira vez em 5 de junho de 2002, como engenheira de vôo na Expedição 5 para a ISS, a bordo do ônibus espacial Endeavour na missão STS-111.

A bordo do ISS, a Whitson realizou mais de 20 experimentos em microgravidade e ciências da vida humana e também operou e instalou cargas úteis comerciais e sistemas de hardware. Peggy Whitson foi designada como a primeira oficial de ciências ISS da NASA e também realizou uma caminhada espacial para instalar blindagem em um módulo de serviço e para implantar uma carga útil de ciências. Após quase 185 dias no espaço, ela retornou à Terra a bordo do STS-113, pousando em 7 de dezembro.

Peggy Whitson viajou para o espaço pela segunda vez em 10 de outubro de 2007-aboard Soyuz TMA-11 com Yury Malenchenko da Rússia e Sheikh Muszaphar Shukor da Malásia como comandante da missão Expedition 16. Primeira comandante feminina da ISS, ela supervisionou e dirigiu uma expansão significativa do espaço de vida e trabalho na ISS, incluindo a instalação de componentes feitos por agências espaciais européias, japonesas e canadenses. Durante a missão de seis meses, ela também realizou cinco caminhadas espaciais para realizar tarefas de manutenção e montagem.

Depois de passar quase 192 dias no espaço, Peggy Whitson voltou à Terra a bordo do Soyuz TMA-11 em 19 de abril de 2008. A tripulação do Soyuz TMA-11 teve uma viagem difícil e perigosa de volta à Terra; o módulo de equipamento da Soyuz não conseguiu se separar corretamente do módulo de reentrada, e assim a embarcação seguiu uma trajetória de descida invulgarmente íngreme. A tripulação fez um pouso extremamente duro, que falhou o alvo em 470 quilômetros (300 milhas). A Whitson não sofreu ferimentos permanentes.

De 2009 a 2012 Peggy Whitson foi chefe do Escritório de Astronautas, que supervisiona todas as atividades dos astronautas da NASA, incluindo a seleção e treinamento da tripulação. Em 17 de novembro de 2016, ela retornou ao espaço em sua terceira missão de longa duração, a Expedição 51.

Ao chegar na ISS, Whitson era a astronauta feminina mais antiga do espaço. Em março de 2017, a Whitson fez sua oitava carreira no espaço caminhar por uma duração combinada de 53 horas e 22 minutos, estabelecendo recordes para uma astronauta fêmea. No mês seguinte, ela superou o recorde de 534 dias no espaço do astronauta Jeffrey Williams, tornando-a a astronauta mais experiente da NASA. Whitson ficou a cargo da ISS durante parte da missão, tornando-a a primeira mulher a comandar a estação duas vezes.

Destaques

- Peggy Whitson é formada em biologia e química pelo Iowa Wesleyan College em Mount Pleasant, Iowa, em 1981, e doutorada em bioquímica pela Rice University em Houston, em 1985.
- De 2009 a 2012, a Whitson foi chefe do Escritório de Astronautas, que supervisiona todas as atividades dos astronautas da NASA, incluindo a seleção e o treinamento da tripulação. A Whitson foi a primeira mulher e a primeira civil a ocupar esse cargo.
- Em 10 de abril de 2017, Peggy Whitson tornou-se comandante da missão ISS Expedition 51, que durou até 2 de junho. Ela fez quatro

passeios espaciais nos quais os componentes da estação foram mantidos ou substituídos.

- Peggy Whitson passou quase 666 dias no espaço durante suas três viagens de longa duração de serviço ao ISS, o que fez dela a astronauta mais experiente da NASA.

Questões de pesquisa

---

1. Quem são suas 5 mulheres cientistas favoritas do século 20?
2. Você pode recomendar qualquer outra pesquisadora famosa que as pessoas devam conhecer e investigar?
3. Qual seria o maior desafio para as mulheres na ciência de hoje?

Seu Presente

Você tem um livro em suas mãos.

Não é um livro qualquer, é um livro de livros para a imprensa estudantil! Nós escrevemos sobre os heróis negros, a capacitação das mulheres, mitologia, filosofia, história, e outros assuntos interessantes!

Desde que você comprou um livro, queremos que você tenha outro de graça.

Tudo o que você precisa é um endereço de e-mail e a possibilidade de assinar nossa newsletter (o que significa que você pode cancelar a inscrição a qualquer momento).

Então, do que você está esperando? Inscreva-se hoje e reclame seu livro gratuito imediatamente! Tudo o que você precisa fazer é visitar o link abaixo e digitar seu endereço de e-mail. Você receberá o link para baixar a versão em PDF do livro imediatamente para que possa ser lido offline a qualquer momento.

E não se preocupe - não há taxas de captura ou escondidas; apenas um bom brinde à moda antiga de nós aqui na Student Press Books.

Visite este link agora mesmo e inscreva-se para receber seu exemplar gratuito de um de nossos livros!

Link: https://campsite.bio/studentpressbooks

Livros

Nossos livros estão disponíveis em todos os principais revendedores de livros on-line. Confira os pacotes digitais de nossos livros aqui: https://payhip.com/studentPressBooksPTBR

A série de livros História da Negritude

Bem-vindo à série de livros História da Negritude. Conheça negros que são exemplos de conduta com estas biografias inspiradoras sobre negros inovadores da América, África e Europa. Todos nós sabemos que a História da Negritude é importante, mas pode ser difícil encontrar boas fontes.

Muitos de nós estamos familiarizados com uma desconfiança habitual em relação aos livros de cultura e história que apenas apresentam personagens muito populares, mas estes livros também apresentam heróis negros menos conhecidos e heroínas do mundo inteiro cujas histórias merecem ser contadas. Estes livros de biografia o ajudarão a entender melhor como o sofrimento e as ações das pessoas moldaram seus países e comunidades para gerações futuras.

Títulos disponíveis:

1. 21 Heróis Negros Inspiradores: A vida de Realizadores Importantes do século 20: Martin Luther King Jr., Malcolm X, Bob Marley & Outros
2. 21 Heroínas Negras Excepcionais: História de Negras Importantes do Século 20: Daisy Bates, Maya Angelou & Outras

A série de livros Empoderamento Feminino.

Bem-vindo à série de livros Empoderamento Feminino. Aprenda sobre modelos femininos destemidos dos tempos modernos com estas biografias inspiradoras de homens e mulheres inovadoras do mundo inteiro. O empoderamento feminino é um tópico importante que merece mais atenção do que recebe. Durante séculos foi dito às mulheres que seu lugar é no lar, mas isto nunca foi verdade para todas as mulheres ou mesmo para a maioria delas.

As mulheres ainda estão sub representadas nos livros de história e as que são apresentadas tendem a ser relegadas a algumas páginas. No entanto, a história está repleta de histórias de mulheres fortes, inteligentes e independentes que superaram obstáculos e mudaram o curso da história simplesmente porque queriam viver suas próprias vidas.

Estes livros biográficos o inspirarão enquanto também ensinam lições valiosas sobre perseverança e superação de adversidades! Aprenda com estes exemplos que tudo é possível se você trabalhar duro o suficiente para isso!

Títulos disponíveis:

1. 21 Mulheres Excepcionais: A vida de Lutadores pela Liberdade e Rompedoras de Barreiras: Angela Davis, Marie Curie, Jane Goodall & Outras
2. 21 Mulheres Inspiradoras: A Vida de Mulheres Corajosas e Influentes do Século 20: Kamala Harris, Madre Teresa & Mais
3. 21 Mulheres Fantásticas: A Vida Inspiradora de Artistas Criativas do Século 20: Madonna, Yayoi Kusama & Mais
4. 21 Mulheres Incríveis: As Vidas Influentes de Mulheres Ousadas na Ciência do Século 20

A série de livros dos Líderes Mundiais.

Bem-vindo à série de livros dos Líderes Mundiais. Descubra os modelos de conduta reais e presidenciais do Reino Unido, EUA e outros países. Com estas biografias inspiradoras sobre as famílias reais, presidentes e chefes de estado você aprenderá sobre as pessoas corajosas que ousaram liderar, incluindo citações, fotos e fatos raros.

As pessoas são fascinadas pela história e pela política e por aqueles que a moldaram. Estes livros apresentam novas perspectivas sobre a vida de figuras notáveis. Esta série é perfeita para qualquer um que queira aprender mais sobre os grandes líderes de nosso mundo; jovens leitores ambiciosos e adultos que gostam de ler sobre pessoas interessantes.

Títulos disponíveis:

1. Os 11 Membros da Realeza Britânica: A Biografia da Casa de Windsor: Rainha Elizabeth II e Príncipe Philip, Harry e Meghan, e Outros

2. Os 46 Presidentes dos Estados Unidos: Suas Histórias, Conquistas e Legados: De George Washington a Joe Biden
3. Os 46 Presidentes dos Estados Unidos: Suas Histórias, Conquistas e Legados - Edição Estendida

A série de livros de Mitologia Cativante.

Bem-vindo à série de livros de Mitologia Cativante. Conheça os Deuses e Deusas do Egito e da Grécia, as divindades nórdicas e outras criaturas mitológicas.

Quem são estes antigos deuses e deusas? O que sabemos sobre eles? Quem realmente eram? Por que as pessoas os adoravam nos tempos antigos e de onde vinham esses deuses?

Estes livros apresentam novas perspectivas sobre os deuses antigos que inspirarão os leitores a compreender seu lugar na sociedade e aprender sobre a história. Estes livros de mitologia também abordam tópicos que a influenciaram a religião, literatura e arte, através de um formato envolvente com fotos ou ilustrações atraentes.

Títulos disponíveis:

1. Egito Antigo: Um Guia para os Misteriosos Deuses e Deusas Egípcias: Amun-Ra, Osiris, Anubis, Horus & Outros
2. Grécia Antiga: Um Guia dos Deuses Gregos Clássicos, Deusas, Deidades, Titãs e Heróis: Zeus, Poseidon, Apollo & Outros
3. Antigos Contos Nórdicos: Descubra os Deuses, Deusas e Gigantes dos Vikings: Odin, Loki, Thor, Freya & Outros

A série de livros de Teoria Simples.

Bem-vindo à série de livros Teoria Simples. Conheça a Filosofia, as ideias de filósofos antigos e outras teorias interessantes. Estes livros apresentam as biografias e ideias dos filósofos mais populares de lugares como a Grécia antiga e a China.

A filosofia é um assunto complexo e muitas pessoas lutam para entender até mesmo o básico dela. Estes livros são projetados para ajudá-lo a aprender mais sobre filosofia e são originais por causa de sua abordagem simples.

Nunca foi tão fácil ou mais divertido obter uma maior compreensão da filosofia do que com estes livros. Além disso, cada livro também inclui perguntas para que você possa se aprofundar em seus próprios pensamentos e opiniões!

Títulos disponíveis:

1. Filosofia Grega: As Vidas e Ideias dos Filósofos da Grécia Antiga : Sócrates, Platão, Pitágoras e outros
2. Ética e Moralidade: Filosofia Moral, Bioética, Desafios Médicos e Filósofos Afins

A série de livros "Empoderamento de Jovens Empreendedores".

Bem-vindo à série de livros "Empoderamento de Jovens Empreendedores". Nunca é cedo demais para jovens ambiciosos iniciarem suas carreiras! Quer você seja um indivíduo de espírito empresarial tentando construir seu próprio império, quer seja um aspirante a empresário começando um longo e sinuoso caminho, estes livros o inspirarão com as histórias de empresários de sucesso.

Aprenda sobre suas vidas e seus fracassos e sucessos que farão você querer ter o controle de sua vida em vez de simplesmente vivê-la!

Títulos disponíveis:

1. 21 Empreendedores Bem-sucedidos: As vidas de realizadores importantes do século 20: Elon Musk, Steve Jobs e Outros
2. 21 Empreendedores Revolucionários: As vidas de empresários incríveis do século 19: Henry Ford, Thomas Edison e outros

A série de livros História Fácil.

Bem-vindo à série de livros História Fácil. Explore vários assuntos históricos desde a idade da pedra até os tempos modernos, mais as ideias e pessoas influentes que viveram ao longo dos tempos.

Estes livros são uma ótima maneira de entusiasmá-lo com a história. As pessoas são muitas vezes desligadas de livros com textos secos e chatos, mas elas adoram histórias de pessoas comuns que fizeram a diferença no mundo.

Estes livros lhe dão essa oportunidade enquanto ainda lhe dão informações históricas importantes.

Títulos disponíveis:

1. Primeira Guerra Mundial: A Primeira Guerra Mundial, suas Grandes Batalhas e o Povo e as Forças Envolvidas
2. Segunda Guerra Mundial: A História da Segunda Guerra Mundial, Hitler, Mussolini, Churchill e outros personagens-chave envolvidos
3. O Holocausto: Os nazistas, a Ascensão do antissemitismo, Kristallnacht e os Campos de Concentração Auschwitz & Bergen-Belsen
4. A Revolução Francesa: O Antigo Regime, Napoleão Bonaparte, e as Guerras Revolucionária Francesa, Napoleônica e de Vendée

Nossos livros estão disponíveis em todos os principais revendedores de livros on-line. Confira os pacotes digitais de nossos livros aqui: https://payhip.com/studentPressBooksPTBR

Conclusão

Obrigado por ler! Esperamos que tenham gostado desta coletânea de 21 Mulheres Incríveis na Ciência.

Estas 21 Mulheres Incríveis são cientistas notáveis que superaram muitos obstáculos com determinação e resistência para dar passos enormes contra todas as probabilidades.

Permita que estas vidas incríveis ressoem em seu coração e compartilhe tais histórias com outras pessoas!

Esperamos que você tenha aprendido muito com este livro, mas se não, leia-o novamente, porque sempre há mais a aprender sobre a vida destas mulheres incríveis.

Você já leu este conteúdo educacional? O que você achou? Deixe sua opinião fazendo uma bela resenha deste livro!

Nós amaríamos isso, então, não se esqueça de escrever uma!

www.ingramcontent.com/pod-product-compliance
Ingram Content Group UK Ltd.
Pitfield, Milton Keynes, MK11 3LW, UK
UKHW022012190726
13853UKWH00004B/1892